A GRAÇA
PREVENIENTE

UM ESTUDO DE 4 SEMANAS

DAN BOONE

978-1-56344-983-3

Copyright © 2023
The Foundry Publishing®
Lenexa (Kansas) USA

Publicado originalmente como
Prevenient Grace
Dan Boone
Esta edição foi publicada pelo acordo entre
a The Foundry Publishing e
as Publicações Nazarenas Globais.

978-1-56344-983-3

Todos os direitos reservados. Nenhuma parte desta publicação pode ser reproduzida, armazenada num sistema de recuperação ou transmitida de qualquer forma ou por qualquer meio - por exemplo, eletrónico, fotocópia, gravação - sem a permissão prévia por escrito do editor. A única excepção são breves citações em revisões impressas.

Design da capa: Rob Monacelli
Design do interior do livro: Sharon Page
Tradução para o português europeu (pré-AO90) por Priscila Guevara, Paulo de Melo Duarte e Susana Reis Gomes.

Todas as citações das Escrituras, salvo indicação em contrário, são retiradas da versão João Ferreira de Almeida Revista e Corrigida (ARC).

Todos os endereços de internet, endereços de e-mail e números de telefone neste livro são precisos no momento da publicação e são fornecidos como recurso. The Foundry Publishing não os endossa ou atesta o seu conteúdo ou permanência.

ÍNDICE

SEMANA 1
Onde está Deus?
4

SEMANA 2
Cornélio e Pedro
20

SEMANA 3
O Deus que nos Diz Quem Somos
36

SEMANA 4
Gosto de ser Escolhido
52

SEMANA 1

ONDE ESTÁ DEUS?

Estou fascinado pelo último livro das nossas Escrituras Sagradas, a revelação de Jesus a João. Num mundo repleto de imagens de super-heróis, quem não ficaria intrigado com cavalos vermelhos brilhantes, bestas fora do mar e exércitos de gafanhotos? Para aqueles que pensam que a história de Deus é calma, leiam Apocalipse! Também gosto do facto de ele estar cheio de mais títulos para Deus do que qualquer outro livro. Parece que o escritor passou um ancinho nos outros sessenta e cinco livros da Bíblia e recolheu todos os títulos. O meu favorito aparece quase no começo: "'Eu sou o Alfa e o Ómega', diz o Senhor Deus, que é e que era e que há de vir, o Todo-Poderoso" (1:8).

Este título localiza Deus no tempo. É a Revelação do Deus que é o princípio, o primeiro, o Alfa, o A da nossa história - e também o Deus que é o fim, o último, o Ómega, o Z da nossa história. A nossa vida fica entre a presença deste Deus. As letras de A a Z, que explicam a história da nossa existência, estão dentro do alfabeto de Deus. Do primeiro ao último suspiro e além dele, a nossa vida é vivida na presença de Deus.

Não houve um momento em que Deus não estivesse envolvido connosco. Esta era uma boa notícia para as pessoas que sofriam sob o Império Romano e o seu domínio bestial. A história do Apocalipse colocou-as directamente dentro da história e actividade de Deus. Elas não eram jogadoras esquecidas no cenário mundial, mas pessoas que importavam ao Todo-Poderoso. Elas estavam a viver na presença do Deus que está com elas nas suas crises actuais, que estava com elas e com todos os humanos ao longo do tempo e que estará com elas no próximo momento de consciência.

Quando usamos a expressão "graça preveniente", falamos de Deus a buscar-nos ou a encontrar-nos, em vez de O buscarmos ou encontrarmos - porque Deus sempre esteve aqui. Deus é o nosso passado, presente e futuro. Ele está atrás de nós, connosco e diante de nós. É por isso que o Apocalipse fala de Deus como o princípio e o fim, o primeiro e o último, o Alfa e o Ómega (a primeira e a última letra do alfabeto grego).

Então, como encontramos Deus? É ao estudar as escrituras antigas para encontrar impressões digitais divinas na história humana? Ao ver notícias para detectar a actividade de Deus nos eventos presentes? Ao olhar para o céu da manhã e imaginando o que o futuro pode trazer? Sim, Deus está aí. Passado. Presente. Futuro. Deus está lá, quer O conheçamos, O reconheçamos ou O experimentemos. A graça preveniente é o dom de Deus que nos possibilita experimentá-Lo no nosso passado, presente e futuro. Deus foi à frente do nosso conhecimento, busca e experiência para nos tornar capazes de receber a revelação.

Quando penso nas pessoas a quem o Apocalipse foi escrito, acho que precisavam de um lembrete de que o Deus que esteve com elas no passado, e também estava com elas no presente, estava a ir ter com elas a partir do seu futuro. Conhecemos Deus porque o Deus que sempre

Deus foi à frente do nosso conhecimento, busca e experiência para nos tornar capazes de receber a revelação.

nos conheceu está no nosso futuro, capacitando-nos a experimentá-Lo. Este é o dom gracioso da graça preveniente - a graça que vai à nossa frente e a graça que vem a nós do futuro.

Imagine um jovem pai a ensinar o seu bebé que gatinha a andar pela primeira vez. Ele fica atrás do bebé, coloca as mãos na fralda e leva a criança para uma sala que está cheia de fios para tropeçar, bordas da mesa com que esbarrar e obstáculos para obstruir o caminho dela. Então, ordena que a criança ande e dá-lhe um empurrão suave nas costas. Ele espera que a criança faça o que ela anteriormente não era capaz de fazer. Reprovaríamos esse pai, certo?

Imagine um pai diferente, que tem acompanhado de perto o desenvolvimento do seu filho à medida que ele cresce e sabe quando está a mostrar sinais de que está pronto para dar os primeiros passos. Este pai limpa o caminho antecipadamente, posiciona a criança ao lado de algo resistente a que se possa segurar, atravessa a sala à frente dela, ajoelha-se ao nível dos olhos dessa criança que conhece intimamente, abre os braços e convida-a a ir na sua direcção. Nessa altura, acontece algo no corpo do bebé. De repente, ele percebe que pode fazer o que era incapaz de fazer antes, ao inclinar-se e confiar no amor daquele que o conhece. Ele caminha para o futuro, não porque alguém o empurrou e exigiu, mas porque alguém que o conhecia foi antes preparar o seu caminho e ficou pacientemente à espera no momento seguinte, encorajando-o e convidando-o a avançar.

É difícil caminhar para o nosso futuro quando estamos a olhar para trás, mas por alguma razão, parecemos pensar que podemos explicar às pessoas uma experiência com Deus simplesmente apontando para o passado e dizendo-lhes o que Deus fez antes. Embora isto lhes possa dar alguma confiança - como uma peça de mobília resistente em que uma criança se pode apoiar - não lhes abre a possibilidade de Deus ter chegado neste momento presente vindo do seu futuro para convidá-los a entrar na vida. A graça preveniente é sobre despertar para o Deus que está no nosso futuro.

Gostaria de ter entendido esta verdade mais cedo na vida. Lia sempre a Bíblia como uma história da actividade passada de Deus e olhava para trás no tempo tentando localizá-Lo. Mas, na verdade, a Bíblia é a história de um Deus que aparece no futuro.

Em Génesis, Deus parece correr além da escuridão caótica que paira sobre o abismo e fica à frente dela, do futuro, chamando a criação à existência (ver Génesis 1).

Deus fica à frente de Abrão e conta-lhe das bênçãos sobre todas as pessoas através da tribo que virá dos seus genes (Génesis 12).

Deus aparece em Midiã antes de Moisés chegar com o seu rebanho e arde de dentro de uma sarça para libertar um povo que clama no Egipto. Essas pessoas nem sequer sabem que Deus foi adiante para chamar Moisés (Êxodo 3).

> Deus está sempre a vir
> a nós a partir do futuro,
> convidando-nos para o Seu
> reino que está a chegar.

Deus vai adiante de Maria e envia um anjo para explicar a gravidez. Deus adianta-se às justificáveis perguntas de José sobre a gravidez (Mateus 1; Lucas 1).

Deus está no futuro dos apóstolos, chamando-os a um tipo diferente de pesca (Mateus 4:18-22; Lucas 5:1-11).

Deus está no túmulo de Lázaro a criar o próximo fôlego dentro de um cadáver (João 11).

Deus vai adiante de Saulo no caminho para Damasco (Actos 9).

Estas histórias do passado devem dar-nos a confiança de que Deus está de pé no nosso futuro, criando-o mesmo enquanto vivemos. E somos capazes de experimentar esse Deus e participar do futuro que só Ele pode criar para nós. A graça preveniente não expira quando experimentamos a graça salvadora de Deus. Deus está sempre à nossa frente - ou, melhor ainda, Ele está sempre a vir a nós a partir do futuro, convidando-nos para o Seu reino que está a chegar.

Quando oramos: "Venha o Teu reino", estamos a participar de uma realidade que é passada, presente e futura. Este reino é assegurado pela ressurreição de Jesus. O Apocalipse proclama-O Senhor dos senhores e Rei dos reis (17:14). A graça deste reino está a irromper no presente cada vez que nos abrimos a Deus para experimentar o Seu poder e presença. Estamos a caminhar para o futuro que chegou até nós em Cristo.

Se esta realidade é tão transformadora, porque é que muitas pessoas não sabem nada sobre ela? Costumo compará-la a sinais wireless ou de rádio. É possível que algo esteja presente - mesmo neste exacto momento - sem termos consciência total disso. Embora sejamos capazes de experimentar Deus neste momento presente, também nos é dada a liberdade para resistir a essa consciência. Resistir à graça é uma liberdade humana que Deus não anula. Quanto mais praticamos essa liberdade, mais fácil nos é endurecermos para o Deus que está presente. Muitas vezes sugeri a amigos que não conhecem a Deus que, por um dia, agissem como se Ele estivesse presente: falar com Deus; ouvi-Lo; procurá-Lo. Ver se há alguma procura por Deus nas perguntas honestas do coração. Estar aberto a uma voz que diz palavras de convite amoroso. Estar preparado para presentes inesperados. Não o digo por acreditar que existe uma fórmula de busca humana que sempre encontra Deus de forma confiável. Digo-o porque as Escrituras e a experiência me asseguram que Deus já lá está.

 Às vezes, esta forma de pensar sobre Deus no nosso futuro leva-nos a acreditar que Deus já ditou os detalhes das nossas vidas. Essa percepção transforma Deus num tipo divino de meteorologista ou adivinho, cujas previsões - se Deus as fizesse - se tornariam, definitivamente, realidade nos próximos dias. Se Deus operasse dessa forma, isso deixaria pouco espaço para que cumpríssemos o nosso papel como parceiros criativos de Deus na criação de uma vida e de um mundo. Se tudo estiver predeterminado e estabelecido, Deus só apareceria para nos dar a previsão. A vida cristã é muito mais criativa do que isso. Deus convida a humanidade - começando com Adão e Eva, mas incluindo-nos hoje - a uma parceria criativa onde cuidamos da criação e a governamos, juntamente com o Criador. O futuro desenrola-se na nossa resposta a Deus. Às vezes é uma resposta de obediência, o reino vem e a vontade de Deus é feita na terra, assim como no céu. Às vezes é uma resposta de desobediência, que leva a consequências prejudiciais para a humanidade.

O futuro que Deus deseja para nós é que sejamos restaurados à imagem e semelhança de Jesus. Esta é a vontade de Deus para cada criatura. E Deus permanecerá em cada momento futuro, enquanto tivermos fôlego nos nossos corpos, convidando-nos para essa realidade. As nossas vidas não são pré-formatadas. Elas desdobram-se dia a dia com base na forma como respondemos, ou não, à graça que Deus nos oferece. Se eu quiser viajar de Nova Iorque para Singapura, há muitos caminhos que posso seguir. Se sou livre para fazer o que quiser em qualquer dia, posso dar por mim a mover-me em direcção ao destino desejado ou a afastar-me dele. A graça preveniente indica que Deus tem um destino em mente para nós: a restauração à imagem de Jesus. Deus estará em cada bifurcação na estrada, em cada beco sem saída e em cada encruzilhada, convidando-nos a escolher o caminho que leva à vida - mas a escolha continua a ser nossa.

Hoje Deus já está diante de nós. Qual será a sua próxima escolha?

ANOTAÇÕES E REFLEXÃO

Faça uma pausa para reflectir sobre o que leu. O que ouviu? Reafirme-o com as suas próprias palavras. Torne-o seu. O que está Deus a indicar-lhe neste capítulo para reflectir? O que é que Deus lhe diz?

_____
_____
_____
_____
_____
_____
_____
_____
_____
_____
_____
_____
_____
_____

ORAÇÃO

Imagine Jesus de pé ao lado da sua cama quando acorda, a chamá-lo/a para o dia que está a começar. Ele trabalha para fazer novas todas as coisas. O que Jesus lhe poderia dizer sobre o dia seguinte e sobre como se pode juntar a Ele no Seu trabalho?

DEBATE

1. Defina a graça preveniente nas suas próprias palavras.

2. Onde é que tende a procurar por Deus: no seu passado, no seu presente ou no seu futuro?

3. Partilhe a história de como se tornou consciente de Deus e como reagiu.

4. Como é que vê o seu futuro? Como algo já determinado e pré-formatado, ou mais como um romance que está a ser escrito diariamente e onde terá influência no seu desfecho?

5. O que é que diria a um amigo que nunca experimentou Deus, mas que se mostra aberto à ideia?

NOTAS

SEMANA 1: ONDE ESTÁ DEUS?

NOTAS

SEMANA 2

CORNÉLIO E PEDRO

Se Apocalipse é interessante por causa das imagens e do simbolismo, o livro de Actos é interessante por causa da aventura selvagem que os primeiros seguidores de Jesus experimentaram. A melhor forma de descrever o livro é que alguns seguidores de Jesus que experimentaram a crucificação e a ressurreição entraram numa montanha-russa chamada "Poder Pentecostal" e aguentaram a vida durante vinte e oito capítulos. As reviravoltas, imersões e surpresas são tão imprevisíveis como qualquer jornada jamais imaginada. Deus estava à frente do Seu povo, capacitou-o para ser Sua testemunha e, de seguida, preparou o caminho para o seu ministério.

Fico maravilhado com a acção do Espírito do Jesus ressuscitado em Actos. Mal sabiam eles que línguas de fogo e um vento impetuoso os aguardavam no cenáculo. Mal sabiam eles que testificariam da experiência pentecostal em línguas que nunca antes tinham falado, de modo que todos os que vieram de várias nações e lugares distantes os entenderiam. Mal sabiam Pedro e João que a ida deles ao templo resultaria num homem coxo a andar, a serem presos e numa reunião de oração que acabou em terramoto. Ao longo de todo o livro de Actos podemos repetir: *mal sabiam eles.* Mas o que sabemos agora é que Deus estava à frente deles, dirigindo as suas palavras e acções e abrindo os corações daqueles que ouviriam a história de Jesus. O livro de Actos é uma grande história da graça preveniente de Deus em acção na conversão dos pagãos e na propagação do Evangelho.

> Muito antes da missão cristã chegar a Cornélio em Actos, Deus já estava em cena.

Uma das minhas histórias favoritas em Actos é sobre Cornélio, que encontramos no capítulo 10. Ele é um centurião romano que vive em Cesareia. Como soldado do império, ele é um intruso pagão aos olhos do povo de Deus em Cesareia. Mas quando lhe somos apresentados, somos informados de que ele é um homem devoto que temia a Deus, que dá generosamente aos outros e que ora com frequência (versículo 2). Como é que ele o sabe fazer? Alguém já o tinha apresentado a Jesus? Ele é como as pessoas sobre as quais David Busic escreve em *Caminho, Verdade, Vida*- aqueles que sonharam com Jesus em regiões onde o evangelismo cristão era ilegal ou onde as tribos que viram o filme *Jesus* e declararam que esse homem já os tinha visitado.[1] Muito antes da missão cristã chegar a Cornélio em Actos, Deus já estava em cena.

Um dia, enquanto Cornélio ora, Deus chega a ele através de um anjo e diz-lhe para convocar um homem de Jope chamado Simão Pedro. O anjo ainda lhe dá a morada de onde Pedro está hospedado. Depois, Cornélio envia os seus servos para procurar Pedro (versículos 3–8). À medida que estão no caminho para encontrar Pedro, Deus vai à frente de Pedro para o preparar para a visita de Cornélio, pois ainda não está pronto para o encontro.

Pedro subiu no telhado da casa em Jope, onde está hospedado para orar, e Deus está lá à espera dele. Quan-

---

1. 1 David A. Busic, *Caminho. Verdade. Vida: O Discipulado como uma Jornada da Graça* (Kansas City, MO: The Foundry Publishing, 2021), 43–44.

do o estômago de Pedro sugere que é hora de comer, Deus dá-lhe uma visão: a de um lençol pendurado na sua direcção, cheio de animais de quatro patas, répteis e pássaros - todos animais que tinham sido declarados por Deus como impuros e ilegais para o povo judeu devoto comer. Na visão, uma voz diz a Pedro para se levantar, matar as criaturas e comê-las. Sendo o homem santo que ele é, Pedro recusa-se a fazê-lo porque conhece a lei de Deus e não está disposto a quebrá-la. A voz sugere que Pedro deve considerar uma coisa: se Deus está a colocar tudo aquilo sobre a mesa, talvez Pedro não devesse categorizá-lo como impuro. A interacção acontece três vezes (versículos 9–16). A graça de Deus é persistente.

Enquanto Pedro está a coçar a cabeça no telhado - a tentar entender o que acabou de acontecer - os homens de Cornélio aparecem no portão da frente naquele exacto momento e perguntam por ele. O Espírito diz a Pedro para ouvi-los e ir com eles, porque eles são enviados por Ele. Pedro obedece, os homens contam-lhe sobre Cornélio e Pedro convida-os a passar a noite com ele (versículos 17–23). Aparentemente, Pedro está a quebrar o protocolo da pureza judaica ao hospedar esses gentios e ao concordar em ser hospedado em Cesareia por Cornélio, outro gentio.

No dia seguinte, eles começam a viagem de dois dias até Cesareia. No momento em que chegam, Pedro aparentemente teve tempo suficiente para reflectir sobre a sua visão de Jope e chegar a um entendimento do que

**A graça de Deus
é persistente.**

isso significa, porque imediatamente declara a sua conclusão a Cornélio e a todos os outros que estão a ouvir: "E disse-lhes: Vós bem sabeis que não é lícito a um varão judeu ajuntar-se ou chegar-se a estrangeiros; mas Deus mostrou-me que a nenhum homem chame comum ou imundo. Pelo que, sendo chamado, vim sem contradizer. Pergunto, pois: por que razão mandastes chamar-me?" (versículos 28–29).

Cornélio repete a história da visita do anjo de Deus e convida Pedro a dizer-lhe a si e aos seus convidados o que é que Deus deseja e é assim que Pedro acaba por ser o primeiro cristão judeu a pregar o Evangelho de Cristo aos gentios (versículos 30–43). Enquanto fala, o Espírito Santo cai sobre a multidão reunida e Pedro fica chocado pelo Espírito também ser capaz de chegar aos gentios, assim como aconteceu com ele e com os seus companheiros crentes judeus em Actos 2. Todos são baptizados em nome de Jesus (versículos 44–48).

Deus estava, novamente, a fazer uma coisa nova, e mesmo antes de convidar Pedro a fazer parte disso, Ele foi à sua frente para preparar o caminho para Pedro compreender e obedecer. Esta é a graça preveniente. A salvação não chega à casa de Cornélio porque os humanos tiveram uma conferência para planear acções para alcançar famílias militares gentias. Eles não elaboraram uma estratégia de evangelismo, arrecadaram fundos, imprimiram folhetos de salvação ou andaram a bater às portas em

> A salvação chegou a Cesaréia porque Deus Se moveu e o Espírito tocou nas pessoas da cidade.

Cesareia. A salvação chegou a Cesareia porque Deus Se moveu e o Espírito tocou nas pessoas da cidade.

Esta história revela a graça preveniente que estava em acção num homem com pouco conhecimento de Jesus e também num homem que O tinha seguido desde o início do Seu ministério público. Deus chegou a Cornélio, mas também chegou a Pedro para o preparar para o encontro. Embora muitos se refiram a esta história como "a conversão de Cornélio", ela também poderia ser chamada "A conversão das categorias de Pedro". A graça penetrante de Deus quebrou a crença fundamental e perfeitamente razoável de Pedro sobre a impureza de qualquer coisa que estivesse fora da tradição judaica. Primeiramente, é verdade que o judaísmo foi construído como uma religião exclusiva, mas também é verdade que Deus sempre planeou expandi-lo e torná-lo inclusivo para todos. Desde a primeira vez que chamou Abraão, Deus disse que edificaria essa nação do Seu povo com o propósito de eventualmente abençoar (o que envolve incluir) todos (Génesis 12.2–3). Em Actos 10, Deus realiza este propósito de forma mais plena, começando por ajudar Pedro a ver todos como Sua criação, capazes de serem os mesmos vasos do Espírito Santo que o povo judeu foi no dia de Pentecostes em Actos 2.

Quando a nossa caminhada com Deus se torna uma colecção de opiniões e julgamentos religiosos sobre os outros, endurecemo-nos em padrões de pensamentos e comportamentos que impedem de nos movermos em sintonia com a actividade de Deus no mundo. É por isso que a graça é necessária em todas as formas. A obra santificadora de Deus quebra e purifica as nossas categorias, capacitando-nos a reconhecer a Sua graça preveniente que se está a mover no mundo como graça salvadora. Vivemos de graça em graça.

A quebra das nossas categorias exige que estejamos abertos às experiências que Deus deixa cair no nosso colo quando ficamos quietos o suficiente para orar. A aventura selvagem do "Poder Pentecostal" move-se no caminho que Deus coloca diante de nós, mesmo quando não podemos vê-lo ou quando ainda não o compreendemos. É por isso que a vida cristã é chamada de "o caminho". É uma trilha, um caminho, uma estrada, uma jornada, uma aventura com e em direcção a Deus. A graça preveniente convida-nos a fazer a viagem, mas também nos prepara - a nós e aos outros – para o que Deus está a fazer.

Quer divertir-se? Coloque os óculos da graça preveniente. Leia o livro de Actos através dessas lentes especiais e procure todas as formas pelas quais Deus está à frente dos apóstolos, abrindo as pessoas para a mensagem sobre Jesus. Observe as coisas que os apóstolos fazem acontecer versus as coisas que só Deus pode fazer acontecer. Observe também o temor delas ao experimentarem ser as mãos e os pés de Jesus no seu mundo. É uma aventura que vale a pena fazer.

ANOTAÇÕES E REFLEXÃO

Faça uma pausa para reflectir sobre o que leu. O que ouviu? Reafirme-o com as suas próprias palavras. Torne-o seu. O que está Deus a indicar-lhe neste capítulo para reflectir? O que é que Deus lhe diz?

_____

_____

_____

_____

_____

_____

_____

_____

_____

_____

_____

_____

ORAÇÃO

Pense em pessoas na sua vida que Deus está a procurar activamente. Existe uma experiência de piquenique, como a visão de Pedro, que requer a santificação das suas categorias para permitir que a sua participação na graça de Deus lhes seja estendida? Tenha em mente que a graça de Deus é oferecida aos outros, independentemente se participamos. Quando perdemos, ignoramos ou negamos o que Deus está a fazer na vida dos outros, estamos apenas a enganar-nos.

DEBATE

1. Quando é que teve um momento como o de Cornélio na sua vida?

2. Quando é que teve um momento como o de Pedro na sua vida, em que Deus despedaçou as suas categorias?

3. Tem sido dito que muito do que a igreja está a tentar fazer hoje pode ser feito sem o poder do Espírito Santo. O que acha desta declaração? O trabalho que pode ser feito sem o Espírito Santo vale a pena? Que trabalho é que poderia fazer que exigiria que Deus fosse à sua frente?

4. A sua jornada de fé parece-se mais com um conjunto concreto de crenças que fazem com que as coisas tenham sentido ou é mais como uma aventura selvagem e imprevisível em que qualquer coisa pode acontecer?

5. O que é que suspeita que Deus está a fazer na sua cidade hoje em dia? Como é que pode participar?

NOTAS

SEMANA 2 : CORNÉLIO E PEDRO

NOTAS

SEMANA 3

O DEUS QUE NOS DIZ QUEM SOMOS

SEMANA 3: O DEUS QUE NOS DIZ QUEM SOMOS

Passei mais de 40 anos da minha vida num campus universitário. Os estudantes universitários representam uma porção única e geralmente transitória da nossa população que muitas vezes está a testar as águas da independência e o que significa ser humano e existir em comunidade. É comum que os estudantes universitários experimentem ansiedade, depressão, incerteza, raiva e solidão ao carregarem o peso das suas infâncias e possivelmente traumas passados enquanto se debatem com o "mundo real", muitos pela primeira vez. Os estudantes universitários e jovens adultos de todas as gerações têm lutado com a sua relação com drogas, meios de comunicação, tecnologia e causas sociais. E tudo isso acontece num mundo que está - e sempre esteve - amargamente dividido em questões de sexo, raça, religião e política.

Para alguns, "o mundo real" é um ladrão que vem roubar alegria, matar futuros e destruir vidas significativas. Todos vivemos neste mundo e experimentamos as suas influências formativas. Os estudantes universitários e os jovens adultos não são os primeiros ou os únicos a lidar com a sua própria humanidade e o significado da existência, mas talvez estejam numa posição única para considerar essas coisas de forma mais profunda. A universidade especificamente, e o início da vida adulta jovem em geral, é um lugar e um tempo óbvio para confrontar a realidade de que há um caminho que leva à vida e um caminho que leva à morte e a forma como caminhamos define quem somos.

Há um caminho que leva à morte e a forma como caminhamos define quem somos.

SEMANA 3: O DEUS QUE NOS DIZ QUEM SOMOS

Quem sou?
Como vou viver?
O que quero?

Estas podem ser as perguntas mais importantes que qualquer um de nós responderá por si mesmo. Sou grato pela escrita de Alan Noble, que explora a identidade, os comportamentos que fluem dela e o significado que é derivado desses comportamentos. No centro da ansiedade instável de muitos indivíduos está uma compreensão particular do que significa ser humano. Esse entendimento é que somos nós mesmos e que pertencemos e somos responsáveis perante - e apenas perante - nós mesmos. Se acreditamos nisso, e muitos de nós acreditam, também podemos acreditar que devemos criar a nossa própria identidade única, que devemos ser a nossa própria bússola moral, que estabelecemos os nossos próprios limites para o certo e para o errado, que mais ninguém tem o direito de exercer uma autoridade sobre nós, que o nosso valor está no reconhecimento e afirmação do mundo da nossa identidade auto-criada e que só nós é que somos responsáveis por construir uma vida significativa para nós mesmos.

Pensemos nas consequências naturais da crença de que pertencemos a nós mesmos. Certamente que Deus nos dá a liberdade de fazermos o que quisermos, mas sem Ele para nos identificar, afirmar, guiar e definir para nós o significado, somos obrigados a fazer tudo isso por nós mesmos, porque essas coisas são necessárias para sermos humanos. Passaremos o resto das nossas vidas a criar e a recriar a nossa identidade, exigindo que o mundo afirme quem dizemos que somos e procurando a validação a partir do mundo - e tudo isso enquanto todos à nossa volta estão a fazer o mesmo e a apresentar os mesmos vazios e resultados insatisfatórios.

Noble sugere que existem dois caminhos a seguir quando acreditamos que somos nós mesmos. O primeiro caminho é a *afirmação*. Vou enfrentar o desafio de ser o meu melhor eu, a versão verdadeira e autêntica de mim mesmo. Vou-me comprometer com o auto-aperfeiçoamento, vou optimizar-me para ser mais, maior e melhor. Vou disciplinar-me para ser o melhor. Vou fazer algo de mim. O mundo está perfeitamente ligado para apoiar a minha busca pelo meu melhor eu: livros de auto-ajuda, gurus do auto-aperfeiçoamento, gadgets de desempenho. Posso competir com o meu próprio desempenho porque o mundo mede tudo por mim - quantos passos dei, quantas horas estive na Netflix, como é que dormi, os meus números de química corporal, a minha média, a minha influência nas redes sociais, os meus amigos, a minha pontuação de crédito, o meu peso, as minhas mensagens não lidas, o meu saldo bancário. O mundo está perfeitamente moldado para me ajudar a melhorar, lembrando-me do número que preciso ultrapassar hoje para ser melhor do que era ontem. Quando acreditamos que somos donos de nós mesmos, somos responsáveis por nos tornarmos valiosos e por isso vamos exigir que o mundo reconheça o nosso valor para que nos sintamos especiais, amados e como se fizéssemos parte. Infelizmente, as minhas realizações nunca serão suficientes para satisfazer o meu anseio interno por afirmação.

O segundo caminho é a *resignação*. Talvez já tenha tentado o caminho da afirmação, mas aprendi que nunca posso fazer o suficiente ou ser o suficiente para que o mundo aplauda a minha vida. Talvez tenha descoberto que o mundo não me dirá que sou único, amado e valorizado. Talvez o esforço constante da competição seja desagradável para mim e por isso, posso muito bem "pegar na minha bola e ir para casa" porque assim estarei a usar o meu tempo de forma mais eficiente. O mundo está perfeitamente preparado para apoiar a minha demissão. Ele irá fornecer todas as distrações de que preciso para anestesiar a dor na minha alma. Posso dar por mim no esquecimento, a comer, trabalhar, jogar jogos de vídeo, a fazer scroll nas redes sociais, a fazer posts infinitamente, discutir online e bombardear o mundo inteiro com as minhas opiniões. O mundo está programado para colocar qualquer empreendimento que distrai ao meu alcance para me manter consumindo até ao dia em que morrer. Nunca mais preciso de criar a minha própria identidade. Só preciso de consumir o que quiser, porque sou eu próprio e pertenço a mim mesmo.

Então, como é que a graça preveniente é uma boa notícia para nós que nos encontramos em qualquer um destes caminhos? Ainda bem que pergunta! A mentira fundamental deste mundo é que somos nossos, que pertencemos apenas a nós mesmos. Até que vejamos essa mentira pelo que ela é, ela vai-nos definir, governar e destruir. Eventualmente, vamos cansar-nos de ser donos de nós mesmos porque os humanos não foram criados para construir o seu próprio significado, traçar a sua própria moralidade ou criar a sua própria identidade. Certamente parece libertador e estimulante dizer coisas como: "eu sou dono de mim mesmo", "eu traço o meu próprio caminho" ou "eu faço as minhas próprias regras!". Mas esse modo de vida vai deixar-nos esfarrapados, cansados, sem rumo e vazios.

Há uma palavra no vocabulário cristão que define esta mentira. A palavra é "pecado". A essência do pecado é a auto-soberania – a crença de que somos donos de nós mesmos. Era o que Adão e Eva procuravam no jardim quando disseram "não, obrigado" a Deus e comeram o fruto proibido que os tornaria os seus próprios deuses. Deus permitiu que eles seguissem o caminho deles e o mundo como o conhecemos seguiu-os.

A boa notícia para nós é que há uma compreensão radicalmente diferente do que significa ser humano. Não somos donos de nós mesmos; pertencemos a Cristo. A nossa identidade é encontrada em Cristo. Os nossos caminhos, acções e comportamentos são guiados por Ele. O nosso significado está enraizado em Cristo. Deus diz-nos quem somos, que somos valorizados como pessoas criadas à imagem e semelhança de Deus, que pertencemos

> A identidade em Cristo reconhece que não somos donos de nós mesmos.

a um povo, que somos tão amados que Ele enviaria o Seu único Filho para morrer em nosso favor para que pudéssemos ser libertados da mentira do mundo. Este Deus afirma a nossa identidade e guia-nos para a verdadeira expressão da humanidade autêntica como seres criados por Deus.

Sim, a identidade em Cristo reconhece que outra pessoa tem autoridade sobre o que fazemos e como vivemos - porque a identidade em Cristo reconhece que não somos de nós mesmos. Mas em Cristo, nunca precisamos de duvidar do nosso valor, prová-lo ou competir por afirmação. Deus dá-nos tudo isso livremente porque nos ama como o mundo nunca amará. Podemos conhecer esta verdade e ela nos libertará.

"Rogo-vos, pois, irmãos, pela compaixão de Deus, que apresenteis o vosso corpo em sacrifício vivo, santo e agradável a Deus, que é o vosso culto racional. E não vos conformeis com este mundo, mas transformai-vos pela renovação do vosso entendimento, para que experimenteis qual seja a boa, agradável e perfeita vontade de Deus" (Romanos 12:1–2). Este convite foi escrito pelo apóstolo Paulo, que era um judeu atencioso e estudioso que inicialmente seguiu o caminho afirmativo do desempenho humano e se esforçou para provar o seu valor (Filipenses 3:4–6). Depois, ele encontrou Jesus e experimentou a graça que foi à sua frente na estrada para Damasco (Actos 9). Foi aí que Deus lhe disse quem ele era. Escute o testemunho de Paulo em Filipenses 3:4–11:

Ainda que também podia confiar na carne; se algum outro cuida que pode confiar na carne, ainda mais eu: circuncidado ao oitavo dia, da linhagem de Israel, da tribo de Benjamim, hebreu de hebreus; segundo a lei, fui fariseu, segundo o zelo, perseguidor da igreja; segundo a justiça que há na lei, irrepreensível. Mas o que para mim era ganho reputei-o perda por Cristo. E, na verdade, tenho também por perda todas as coisas, pela excelência do conhecimento de Cristo Jesus, meu Senhor; pelo qual sofri a perda de todas estas coisas e as considero como esterco, para que possa ganhar a Cristo e seja achado nele, não tendo a minha justiça que vem da lei, mas a que vem pela fé em Cristo, a saber, a justiça que vem de Deus, pela fé; para conhecê-lo, e a virtude da sua ressurreição, e a comunicação de suas aflições, sendo feito conforme a sua morte; para ver se, de alguma maneira, eu possa chegar à ressurreição dos mortos.

Não é de admirar que Paulo tenha o hábito de se apresentar nas suas cartas como escravo de Jesus Cristo. Ele sabe que não pertence a si mesmo - pertence a Cristo. Ele encontra o seu significado e pertença em Cristo. Ele é amado, valorizado e afirmado por Cristo. Ele é instruído, guiado e ensinado por Cristo. Paulo pertence a Jesus. Este é o mesmo Paulo que escreveu: "Já estou crucificado com Cristo; e vivo, não mais eu, mas Cristo vive em mim; e a vida que agora vivo na carne vivo-a na fé do Filho de Deus, o qual me amou e se entregou a si mesmo por mim. Não aniquilo a graça de Deus; porque, se a justiça provém da lei, segue-se que Cristo morreu debalde" (Gálatas 2:19-20).

A graça preveniente não é apenas um bom pedaço de teologia que nos faz sentir bem. Ela é onde começamos a ser humanos. É assim que começamos a saber quem somos. É a auto-estrada para a vida. Deus veio para nos mostrar o caminho e tudo começa em saber quem somos pela graça preveniente de Deus.

ANOTAÇÕES E REFLEXÃO

Faça uma pausa para reflectir sobre o que leu. O que ouviu? Reafirme-o com as suas próprias palavras. Torne-o seu. O que está Deus a indicar-lhe neste capítulo para reflectir? O que é que Deus lhe diz?

_____

_____

_____

_____

_____

_____

_____

_____

_____

_____

_____

_____

_____

ORAÇÃO

Diga a Deus quem é. Ao escrever esta oração a Deus, que o uniu no ventre da sua mãe, que conhece cada cabelo na sua cabeça e pensamento na sua mente, que ama cada centímetro seu - que este Deus seja a sua identidade, o seu modo de vida e o seu significado, através do poder do Seu Filho ressuscitado, Jesus.

DEBATE

1. Porque é que a crença de que somos donos de nós mesmos se tornou uma defesa popular para fazer o que quisermos?

2. Como é que a graça preveniente penetra na mentira de que somos soberanos?

3. Porque é tão fácil ser apanhado/a nos jogos de identidade do mundo?

4. Partilhe sobre o momento em que se apercebeu que já não pertencia a si mesmo/a, mas encontrou a sua identidade em Cristo.

5. Como é que o testemunho de Paulo aos filipenses é semelhante ou diferente do seu?

SEMANA 3: O DEUS QUE NOS DIZ QUEM SOMOS

NOTAS

SEMANA 4

GOSTO DE SER ESCOLHIDO

Falar sobre a graça preveniente coloca-nos no meio de uma conversa importante sobre a eleição divina e a predestinação. Há duas formas de pensar sobre isto - a reformada ou a wesleyana.

O entendimento reformado (ou, como alguns chamam, calvinista) é que Deus elegeu (escolheu) certos indivíduos para receber a salvação. Outra forma de o colocar é dizer que Deus os "predestinou" para serem salvos, o que significaria que Deus também predeterminou a sua resposta e capacidade para aceitar o Seu dom da salvação. A perspectiva reformada permite que o convite à segurança eterna possa ser ouvido por todos, mas sustenta que apenas os eleitos têm o poder de crer e de ser salvos. Uma vez que as pessoas são eleitas por Deus, a Sua graça é irresistível, o que significa que elas não podem dominar a sua eleição resistindo à graça salvadora de Deus e tornando-se "não salvas". Uma vez que tenham sido salvas, não há nada que possam fazer para invalidar a sua salvação. Elas estão eternamente seguras em Cristo. Este é um resumo da posição reformada, com o reconhecimento que os nossos amigos reformados podem optar por explicá-la de uma forma um pouco diferente.

Quando os wesleyanos falam de salvação, dizem que é a vontade de Deus que todos sejam salvos. Tal como as parábolas da ovelha perdida, da moeda perdida e do filho perdido, os wesleyanos afirmam a crença de que Deus sai em busca de toda a criatura perdida. Deus predeterminou, ou predestinou, que todos os que crêem n'Ele serão

A nossa liberdade de caminhar com Cristo ou de nos afastarmos ao longo do caminho é sustentada pelo dom do livre arbítrio de Deus.

salvos. Por outras palavras, os wesleyanos acreditam que todos temos uma escolha acerca do assunto. A salvação é oferecida a todo o ser humano, mas nem todo o ser humano responde à graça preveniente. Deus valoriza a nossa capacidade de escolher e deu-nos a capacidade de aceitar ou de resistir ao Seu dom da graça, em vez de experimentá-lo como uma força irresistível. O que isto significa é que alguém que aceita a graça de Deus e é salvo numa altura da sua vida, pode escolher, mais tarde, rejeitar essa mesma graça, afastar-se do caminho de Deus e, portanto, perder a salvação que já teve. A nossa liberdade de caminhar com Cristo ou de nos afastarmos ao longo do caminho é sustentada pelo dom do livre arbítrio de Deus.

Pessoalmente, gosto da forma como os wesleyanos pensam porque, nas palavras de Bob Benson, "eu gosto de ser escolhido". Nos meus dias de juventude, Benson era um pregador frequente nas capelas da universidade onde actualmente sou presidente e ainda consigo fechar os olhos e ver esse homem magro e com voz estridente à nossa frente a partilhar o que estava a aprender sobre Deus. Na história sobre ser escolhido, Benson partilha a sua compreensão análoga da graça preveniente de Deus em comparação com a sua experiência pessoal como uma criança não atlética. Nas palavras dele...

> Sempre fui uma criança frágil. Lembro-me de quando costumávamos ir para o recreio na escola primária. As duas maiores e mais fortes crianças da classe eram sempre escolhidas para serem capitães das equipas de

Não foi algo em mim que o levou a escolher-me.

softball. Elas reivindicariam a melhor posição para jogar e depois escolhiam o resto da equipa. Uma por uma, cada criança era escolhida - por destreza atlética, por amizade, por tamanho - até que todos estivessem numa equipa. Bom, quase todos.

"O jogo não pode começar até que alguém escolha o Bob", insistiria o professor.

E um dos capitães chutava a poeira e dizia com desgosto: "Nós ficamos com ele".

Eu geralmente era mandado para jogar na parte do campo que raramente tinha alguma acção. Acho que não cheguei a bater a bola até estar no oitavo ano. Não fiquei muito surpreendido por perder.

Sim, eu gosto de ser escolhido.

. . .

Por isso, entendo facilmente porque é que parece que sou uma escolha implausível e ilógica. Só posso dizer que se é isso que aparento para aqueles que pouco me conhecem, pensem em como me sinto conhecendo-me a mim. Felizmente ter sido escolhido não partiu de mim, sou apenas aquele que foi escolhido.

A resposta deve ser encontrada no coração de quem escolhe. Não foi algo em mim que o levou a escolher-me. Havia algo nele. Começou no seu amor por mim. E é por isso que estas palavras de Jesus têm um som tão adorável: "Não foste tu que me escolheste. Eu escolhi-te".

Não fui eu que me deparei com Jesus Cristo e, quando O vi, algo dentro de mim correu para ir ao Seu encontro e, agarrando-O, implorei para me tornar a pessoa dos meus sonhos. Foi Ele que veio até mim. O coração d'Ele foi ao meu encontro. Ele agarrou-se a mim. Ele disse que me faria a pessoa que eu queria ser. Ele viu-me, amou-me e escolheu-me. Não O encontrei. Foi Ele que me encontrou.

Mas não fui escolhido como substituto para alguém que não queria servir. Não me pediram para jogar numa parte do campo que alguém já ocupava. Ele viu-me, chamou-me, seleccionou-me, escolheu-me, fixou os olhos em mim, determinou em meu favor, preferiu-me, abraçou-me. Ele escolheu-me a mim.

Ele não me recusou, não me rejeitou, não me repudiou, não me desprezou, não me demitiu, não me excluiu. Ele não me ignorou, desconsiderou, deixou de parte ou dispensou. Ele escolheu-me a mim.

Não era obrigatório, mandatório, exigido, ordenado, merecido, necessário, imperativo, compulsório ou forçado. Ele escolheu-me a mim.

Foi a Sua escolha, voluntária, intencional, selectiva, deliberada e intencional. Ele escolheu-me a mim.

Por causa da Sua devoção, carinho, adoração, ternura, afeição, apego, emoção, simpatia, empatia e amor, Ele simplesmente me escolheu.

E isso fez toda a diferença na minha vida. [2]

---

2. Bob Benson, "See You at the House": *The Stories Bob Benson Used to Tell,* ed. R. Benson (Nashville: Generoux, 1986), 13, 14, 15.

ANOTAÇÕES E REFLEXÃO

Faça uma pausa para reflectir sobre o que leu. O que ouviu? Reafirme-o com as suas próprias palavras. Torne-o seu. O que está Deus a indicar-lhe neste capítulo para reflectir? O que é que Deus lhe diz?

_____

_____

_____

_____

_____

_____

_____

_____

_____

_____

_____

_____

_____

_____

ORAÇÃO

Agradeça a Deus nas suas próprias palavras pelo amor que o/a alcançou quando era incapaz de chegar a Deus.

DEBATE

1. Alguns disseram que, olhando para trás ao longo da vida, a versão reformada da salvação faz mais sentido, que isso é o que Deus sempre tinha em mente para eles e que foram arrastados pela graça que não podiam resistir. Outros disseram que, olhando para o amanhã, a versão wesleyana faz mais sentido: que Deus nos fez capazes da escolha responsável, mas não nos forçou a nada. Qual é a explicação que faz mais sentido para si?

2. Bob Benson diz que ser escolhido é mais sobre o coração daquele que escolhe do que as qualificações daquele que é escolhido. O que é que isso significa?

3. Porque é que somos propensos a acreditar que nos devemos tornar dignos da graça de Deus? Onde é que aprendemos isso?

4. Como é que a realidade da graça amorosa, que busca e procura de Deus, é uma boa notícia para o mundo hoje? Como é que o diria a alguém que não conhece Deus?

5. O que é que aprendeu e experimentou sobre a graça preveniente nas últimas quatro semanas?

SEMANA 4: GOSTO DE SER ESCOLHIDO

NOTAS

NOTAS

www.ingramcontent.com/pod-product-compliance
Lightning Source LLC
Chambersburg PA
CBHW060541080526
44586CB00012B/817